AVIS SINCERES
A M. DE VOLTAIRE,

AU SUJET DE LA SIXIÉME EDITION de son Poëme sur la Victoire de Fontenoy.

Our un bel Esprit, pour un Philosophe célébre, en vérité, Monsieur, vous raisonnez bien singuliérement dans la Préface qui est à la tête de la sixiéme Edition de votre Poëme sur la Bataille de Fontenoy. Vous avez composé cette Piéce, si l'on vous en croit, presque le même jour qu'on apprit à Paris notre Victoire ; & depuis vous avez ajouté plusieurs traits à la Piéce, *à mesure qu'on sçavoit quelque circonstance de ce grand évenement, & qu'on faisoit une nouvelle édition de l'Ouvrage* : C'est-à-dire, que vous avez fait votre Poëme *en un ou deux jours*, & que vous l'avez ensuite grossi de toutes les nouvelles vraies ou fausses que l'on vous disoit. Mais est-ce là ce qu'on appelle composer un Poëme ? N'est-ce pas travailler, comme on dit, au jour la journée ? Quoi ! Monsieur, vous traitez le Public avec si peu d'égards ? Vous osez sans façon lui faire part de tout ce qui vous passe par l'esprit, & de tout ce qui a pû surprendre votre crédulité, sauf à l'effacer le lendemain, & à qualifier vos ébauches successives, vos méprises, vos erreurs, vos traits imprudens, de 2e. de 3e. de 4e. de 5e. édition ? C'est ainsi que vous avez voulu que vos fautes servissent à votre gloire, & que le Public se persuadât, à sa honte, que chacune de ces burlesques Editions avoit été glorieusement épuisée. Si vous aviez au moins

employé un mois à la composition de votre Ouvrage, avant que de le publier, votre Imprimeur en eût fait, sans doute, une très-nombreuse édition, & il l'eût heureusement débitée. Mais parce que chaque jour vous avez envoyé chez lui corrections sur corrections, & qu'il les a suivies sur sa première & unique forme, sans peine ni frais, souvent avant la distribution de cinquante exemplaires de la précédente édition, vous vous en faites un droit d'imposer au Public par la vaine énumération de plusieurs éditions successives, tandis qu'il n'y en a qu'une seule recrêpie ou rapetassée? Est-ce là, Monsieur, un manége digne de vous? Avez-vous pû vous abaisser ainsi à ces petites ruses, pardonnables à peine à un Auteur sans réputation? Je ne le puis croire, & je m'imagine plutôt que c'est une basse supercherie de votre Libraire, moins pour une vaine gloire, que pour un gain sordide. Vous avez seulement eu la complaisance de la tolérer; c'est tout ce qu'on peut vous imputer, & c'est peu de chose. On connoît votre désintéressement, & l'on sçait que vous avez toujours été fort éloigné d'oser, à la faveur de quelques légers changemens, vendre au Public plusieurs fois la même chose.

„ Il seroit bien étrange, (dites-vous, p. 7. de votre Pré-
„ face) qu'il eût été permis à Homère, à Virgile, au Tasse
„ de *décrire les blessures* de mille Guerriers imaginaires, &
„ qu'il ne le fût pas de parler des Héros véritables qui vien-
„ nent de prodiguer leur sang. '' Ce ne sont pas leurs illustres noms qu'on vous reproche, Monsieur; mais la sécheresse & l'ennui de votre Relation rimée. On vous reproche aussi le peu de choix dans ces noms, l'inexactitude de la Liste, la fadeur des éloges, la fausseté de plusieurs faits; &, si vous voulez bien me permettre de vous le dire, l'indécence de quelques-unes de vos Notes, parmi lesquelles il y en a d'injurieuses. (Vous avez eu la sagesse de les retrancher dans votre sixième Edition.) Voilà ce que le Public a unanimement improuvé. Si vous aviez *décrit des blessures* comme Homère & Virgile, si vous aviez peint comme eux le Combat sanglant de Fontenoy, vous auriez paru un grand Poëte: mais parce que vous n'avez fait que rimer des noms, vous avez paru une espèce de Gazetier. Pardonnez-moi le terme.

Vous vous annoncez, Monsieur, dans la première édition de votre Poëme, pour *Historiographe de France*. Le bel échantillon que vous nous donnez de votre talent pour l'Histoire ! Vous adoptez tout ce qu'on vous dit : vrai ou faux ; il n'importe. Vous altérez, vous estropiez tous les faits. Votre imagination échauffée est votre seul guide : vous croyez tout, & ne discutez rien. Il est vrai que votre CHARLES XII. nous avoit appris, il y a plusieurs années, que c'étoit votre manière. Oh ! Monsieur, quelle grave autorité sera la vôtre, lorsqu'on citera un jour le témoignage du moderne *Historiographe de France* !

,, L'attention scrupuleuse, continuez-vous, qu'on a ap-
,, portée dans cette Edition, doit servir de garant de tous
,, les faits qui sont énoncés dans le Poëme & dans les Re-
,, marques. " Il reste cependant un fait romanesque & ridicule dans cette Edition *scrupuleuse* : c'est votre Note sur M. Danoi. Quoi ! à votre âge, on vous berce d'un conte de nourrice ! Ignorez-vous que tout le monde a ri de l'anecdote fabuleuse de votre Remarque ?

Mais, quel Paradoxe avancez-vous, Monsieur, pour justifier la forme de votre Poëme ? ,, On n'a point cru, dites-
,, vous, devoir orner ce Poëme de *longues fictions*, sur-tout
,, dans la première chaleur du Public, & dans un tems où
,, l'Europe n'étoit occupée que des détails intéressans de
,, cette Victoire importante, achetée par tant de sang. "
Je vous le demande, Poëte illustre, qu'est-ce qu'un Poëme sans fiction ? Vous faites entendre que pour plaire au Public, il n'a fallu que des *détails intéressans*. Eh ! de pareils détails versifiés, sans invention, sans art, sans génie, sont-ils supportables ? Voyez le bel effet que vos détails ont produit. Votre Muse a été le jouet des Nouvellistes, comme la girouette est le jouet des vents : ils ont en quelque sorte présidé à votre Ouvrage. Ce sont eux proprement qui ont changé, tourné, retourné, refondu votre Poëme. Suivant leurs différens avis, vous y avez fait cent changemens : ce qui avoit paru le jour, vous l'avez effacé la nuit : *Destruit, ædificat, mutat quadrata rotundis*. C'est ainsi que votre Ouvrage a été d'abord, & a toujours continué d'être infecté de Nouvelles suspectes. Je suis bien éloigné de condamner les *détails intéressans* : mais il faut traiter ces détails avec art

A ij

& avec esprit ; il faut éviter les méprises, les éloges insipides, les éloges outrés, les éloges injurieux & indécens. Enfin, ce sont ces *détails* où vous vous êtes trop arrêté, qui ont produit vos prétendues Editions ; parce que ces détails ont varié dans chacun des premiers jours qui ont suivi l'évenement.

Pour justifier vos cinq Epreuves, & les Curieux trop empressés qui s'en sont munis, vous nous faites entendre, Monsieur, que votre Poëme n'a pas dû d'abord être meilleur ; parce que vous avez été dans l'obligation de détailler les faits réels ou faux, les faits certains ou douteux, suivant les bruits de Paris, & de vous conformer aux *premiers mouvemens du zèle public*. ,, Ce n'est, dites-vous, qu'après ,, s'être attaché uniquement à louer ceux qui ont si bien ,, servi la Patrie dans ce grand jour, qu'on s'est permis ,, d'insérer dans le Poëme *un peu de ces fictions* qui affoi- ,, blissoient un tel sujet, si on eût voulu les prodiguer. '' Mais où est donc *ce peu de fictions* dans votre Ouvrage, même dans sa sixiéme Edition ? Il est vrai qu'elle est fort supérieure aux autres : il faut lui rendre cette justice ; il y a plus de justesse, plus de feu, & les Notes y sont épurées. Mais je n'y vois aucune *fiction* : par conséquent ce n'est pas encore un Poëme. Dans votre Piéce, on n'apperçoit pas même un plan. Ce sont des couleurs jettées comme par hazard, d'une main impétueuse & rapide.

Je sçais qu'il y a des *fictions* froides & usées ; ce ne sont pas de celles-là qu'on demande aujourd'hui. Vous avez beau rabaisser celles d'Homère & de Virgile dans votre Préface : cette Critique ne prouve que de l'impuissance. Semblable au Renard de la Fable, vous voudriez que personne n'eût d'imagination ; que les Poëmes Historiques, tels que la Henriade, fussent les vrais Poëmes, & que lorsque les faits sont récens, on se bornât à les décrire. C'est le principe des éloges que vous avez donnés à la Pharsale de Lucain, où vous semblez ne trouver à redire que la dureté du stile. Vous n'entendez pas mal vos intérêts, & je ne puis vous en blâmer.

Mais cela supposé, Monsieur, ne deviez-vous pas au moins attendre que la *Relation* fidéle, exacte, authentique, publiée par Monsieur Rémond, eût paru, ou au moins lui en demander la communication avant qu'elle fût publique. Il est certain que personne n'étoit plus capable que vous de mettre cette *Relation* en beaux Vers Alexandrins. Vous êtes sans contredit & sans flaterie le premier de nos Versificateurs, quand vous voulez bien vous donner le tems & la peine de l'être.

Vous vous applaudissez, Monsieur, d'avoir fait connoître & distinguer les différens Corps qui ont combattu, leurs armes, leur position, & l'endroit où ils ont attaqué; d'avoir dit comment la Colonne Angloise a pénétré; d'avoir exprimé comment elle a été enfoncée par la Maison du Roi, par les Carabiniers, la Gendarmerie, le Régiment de Normandie, &c. Et voilà ce qui n'est point du tout peint dans votre Poëme. On ne voit point dans votre Tableau la position de nos Troupes, & encore moins le lieu & la manière dont on a combattu à Fontenoy. Y a-t-il dans votre description la moindre Topographie.

Mais comment l'auriez-vous observée dans votre Poëme, vous qui l'avez négligée dans la description de la Bataille de Pultava, où le Lecteur voit des Troupes se battre, sans voir le champ de Bataille, comme on vous l'a reproché ? Dans votre Poëme vous indiquez quelque chose d'une partie des opérations ; mais indiquer ce n'est pas peindre. Occupé de la liste de vos noms illustres, vous n'avez pensé qu'aux Chefs, qu'à vos amis, & vous avez presque oublié les Corps. A peine parlez-vous de nos braves Irlandois. Je ne vois que les *Carabiniers* que vous ayez caractérisés comme il faut dans votre sixième édition : encore les aviez-vous totalement oubliés dans les premières. Ne pouviez-vous pas spécifier tous les autres Corps de la même façon ? Que ne deviez-vous pas dire sur les Irlandois, qui depuis qu'ils servent la France, François eux-mêmes en quelque sorte, se sont toujours distingués dans les combats ? Quelle gloire n'acquirent-ils pas dans la grande guerre d'Espagne ? Ils sont en possession de battre par tout les Anglois, excepté dans leur propre pays. C'est leur destinée de venger, sous les bannières de la France, les maux affreux qu'éprouvent dans leur Patrie leurs Familles tyranniquement opprimées.

Les plus grands éloges sont dûs assurément aux courageux Helvétiens. Mais sont-ils bien placés dans votre Poëme ? Ce qu'il y a de très-*injudicieux*, vous leur donnez l'emploi de venger la mort du Chevalier DILLON, Colonel Irlandois; DILLON, dont le nom est si célèbre dans les Fastes de LOUIS XIV. Est-ce que les Irlandois ont eu besoin des Suisses en cette occasion? Qu'ils ont vendu cher aux Anglois cette vie précieuse !

Ce qui paroît encore moins sensé, est que vous faites entendre que Despreaux auroit dû faire comme vous, & n'employer aucune fiction en décrivant le passage du Rhin, parce que le fait étoit récent. Mais ses descriptions, ses images sont-elles affoiblies par la fiction naturelle & ingénieuse qu'il a employée ? C'est une Epître qui commence & finit sur le ton épistolaire, & dans laquelle il sçait habilement enchasser la peinture admirable du fameux passage du Rhin par les troupes Françoises commandées par LOUIS XIV. C'est au Roi que le Poëte adresse sa description, par une Epître, où, sans oser le dire d'un ton familier, il lui fait sentir assez qu'il est son *Admirateur* (a) ainsi que toute l'Europe.

Quelques-uns de nos beaux Esprits modernes prétendent que ces deux tons jurent : en quoi ils se trompent. Horace n'a-t-il pas réuni les deux tons, le grand, le sérieux, avec le familier, le badin ? Voyez l'Epître à AUGUSTE: *Cùm tot sustineas*, &c. Les premiers vers de cette admirable Epître ne sont-ils pas héroïques & très-harmonieux ? Cependant il quitte ce ton dans la suite, parce qu'aucune raison, tirée de la nature, ne l'oblige à être toujours sérieux dans une Epître; qu'au contraire même le mélange est très-agréable. Y a-t-il quelqu'un que cela ait choqué jusqu'ici dans l'Epître de Despreaux, & vous convenoit-il, Monsieur, de paroître vous imaginer avoir mieux réussi ? Il vous est cependant permis de vous admirer.

Au reste, lorsque j'ai dit que la fiction étoit nécessaire dans un Poëme, & en est l'ame & l'essence, je n'ai pas prétendu qu'il fût nécessaire d'introduire des Divinités Poétiques, comme a fait Despreaux. J'appelle fiction toutes les

---

(a) M. de V. finit son Epître au Roi, en Prose, qui est à la tête de sa sixiéme Edition par ces paroles : ,, Daignez, SIRE, ajouter à la ,, bonté que V. M. a eue de permettre cet hommage, celle d'agréer ,, les profonds respects d'un de vos moindres Sujets, & du plus zélé ,, de vos Admirateurs, VOLTAIRE.

idées grandes, vives, hardies, que l'imagination enfante; les nobles figures, les traits de génie. Tel est le Poëme sur les Conquêtes de LOUIS XIV. traduit du Latin du Père de la Rue, par Pierre Corneille. Quelle sublimité, quelles images! Ce sont, de tems en tems, de gros vers: mais que les autres sont beaux! Que de magnificence dans les portraits de nos Guerriers! Je ne citerai que l'endroit où ce grand Poëte peint le passage du Rhin. La description de Despreaux est moins vive & moins sublime, quoique les vers en soient plus purs & mieux tournés.

> Le jour à peine luit, que le Rhin se rencontre:
> Tholus frappe les yeux, le Fort de Skeink se montre;
> On s'apprête au passage; on dresse les Pontons;
> Vers la rive opposée on pointe les Canons.
> La frayeur que répand cette troupe guerrière,
> Prend les devans sur elle & passe la première.
> Le Tumulte à sa suite & la Confusion
> Entraînent le Désordre & la Division.
> La Discorde effarée à ces monstres préside,
> S'empare au Fort de Skeink des cœurs qu'elle intimide,
> Et d'un ton enroué fait sonner en ces lieux,
> La fureur des François & le courroux des Cieux;
> Leur étale des fers, & la mort préparée,
> Et des Autels brisés la vengeance assurée.
> La vague au pied des murs à peine ose frapper,
> Que le fleuve allarmé ne sçait où s'échapper;
> Sur le point de se fendre, il se retient, & doute
> Ou du Rhin ou du Waal s'il doit prendre la route.

Ensuite Corneille (ou plutôt le Pere de la Rue) fait sortir des Enfers les ombres de tous les Héros qui ont eu affaire aux Germains: Drusus, Varus, Germanicus. D'autres fameux Capitaines modernes viennent aussi pour être témoins de l'audace courageuse des François, tels que Jean d'Autriche, le Duc d'Albe, Farnese, Nassau.

> Ils reprennent leur part au jour qui nous éclaire,
> Pour voir faire à mon Roi ce qu'eux tous n'ont pû faire,
> Eux-mêmes s'en convaincre, & d'un regard jaloux
> Admirer un Héros qui les efface tous.

Voilà de la fiction, Monsieur, sans l'intervention d'aucune Divinité. Le sujet en est-il affoibli?

Vous avez aſſez bien juſtifié votre expreſſion, *Maiſon du Roi, marchez*, qui avoit été mal reçue. Tout ce qui bleſſe d'abord ne vient ſouvent que de la ſurpriſe & non de la raiſon. On n'avoit pas encore vû *Maiſon du Roi* en vers; voilà le fondement de la Critique. Cependant le Grand Corneille n'a pas fait difficulté de s'exprimer comme vous, dans ce même Poëme ſur les Conquêtes du Roi.

> De la *Maiſon du Roi* l'Eſcadre ambitieuſe
> Fend, après tant de Chefs, la vague impétueuſe.

Il eſt vrai que l'*Eſcadre ambitieuſe* reléve bien la *Maiſon du Roi*, qui, fendant les flots comme une Armée Navale, eſt appellée *Eſcadre* plutôt qu'*Eſcadron*.

> Le gué manque, & leurs pieds ſemblent à pas perdus
> Chercher encor le fond qu'ils ne retrouvent plus.

Vous voyez, Monſieur, que Corneille peint le Combat autrement que vous. Il imagine, il invente, il crée. Il nomme comme vous, un grand nombre de Guerriers; mais dans quels beaux vers leurs noms ſe trouvent noblement placés!

> Je te vois, Longueville, étendu ſur la poudre:
> Avec toi tout l'éclat de tes premiers exploits,
> Laiſſe périr le nom & le ſang des Dunois;
> Et ces dignes Ayeux qui te voyoient les ſuivre,
> Perdent & la douceur & l'eſpoir de revivre.
> Condé va te venger, Condé, dont les regards
> Portent toute Nortlingue & Lens au Champ de Mars,
> &c.

Le Poëte s'adreſſe à ce même Prince.

> .... Arrêtez, Héros, où courez-vous?
> Hazarder votre ſang, c'eſt les expoſer tous;
> C'eſt hazarder Enguien, votre unique eſpérance,
> Enguien, qui ſur vos pas, à pas égaux s'avance.

Je ſçais, Monſieur, que voſtre liſte verſifiée eſt quelquefois ornée de réfléxions aimables, telles que celles-ci, que Corneille, ni Deſpreaux n'euſſent pas employée.

> Monaco perd ſon ſang, & l'Amour en ſoupire.

Un jeune Officier bleſſé, auprès duquel l'Amour ſoupire! C'eſt la première fois qu'on a vû l'Amour dans un Combat *ſanglant*. Les Peintres, qui ont le privilége de tout oſer,

ainſi

ainsi que les Poëtes, ne se sont point encore avisés de placer dans la mêlée ce petit Dieu, quoiqu'armé de fléches, quoique plus cruel qu'un Grenadier Autrichien. Mais le peindre *soupirant* au milieu d'une Bataille, est bien pis. Qu'eût-on dit de le Brun, si dans son Tableau du passage du Rhin, il eût peint l'Amour *soupirant* à côté du beau Comte de S. Pol, Prince de Longueville, Duc d'Estouteville, qui périt dans ce passage à l'âge de 25. ans? N'eût-on pas sifflé le Prince des Peintres François, s'il eût eu cette ridicule idée?

Je conviens encore avec vous, Monsieur, qu'il s'agissoit de représenter la Bataille de Fontenoy, & non celle de Tolbiac, & que vous n'êtes pas tombé dans le ridicule défaut de ceux qui, après vous, ont publié des vers sur notre derniére Victoire. Presque tous leurs traits sont généraux, & la plûpart s'adapteront éternellement à tous les combats, où l'honneur de la Victoire sera rapporté à un Grand Monarque présent à la Bataille & commandant ses Troupes victorieuses. J'aime encore mieux votre Gazette cadencée, & semée de quelques vers heureux, que la froideur de leurs peintures générales, & que toutes leurs idées vagues.

La sixiéme Edition de votre Poëme, Monsieur, prête moins à la Critique que les précédentes : il en faut convenir. Il y reste néanmoins plusieurs vers à censurer, & qui ne sont pas dignes de vous. Regardez-vous, par exemple, le premier vers de votre Poëme comme un bon vers?

  Quoi ! du siécle passé le fameux Satyrique.

Ce *siécle passé* est bien plat; *le fameux Satyrique* est une expression bien prosaïque, bien triviale. D'ailleurs ce n'est pas dans une Satyre que Despreaux a célébré le passage du Rhin. C'est donc improprement & mal-à-propos que Despreaux est ici désigné sous le nom de *Satyrique*. J'aimerois mieux avoir ainsi commencé :

  Du Parnasse François la Muse véridique
  Aura fait retentir la Trompette héroïque?

Voilà un langage détourné & plus noble que le vôtre, par conséquent plus poëtique. L'expression de *Muse véridique*, représente parfaitement le Grand Despreaux, qui est peut-être le seul Poëte François qui ait toujours dit la vérité.

Presque tous les autres Poëtes sont des menteurs, de fades adulateurs, de faux dogmatistes, des corrupteurs de la saine morale. Du reste, ce début de votre Poëme, Monsieur, me paroît d'une grande beauté, jusqu'à ce vers: *Déja de la tranchée Harcourt est accouru.* Dans *Harcourt*, suivant la règle, l'*H* est aspirée, au moins par tous les Gens de Lettres, comme dans Hollande, quoiqu'on dise vulgairement (grace aux Lingères, selon M. l'Abbé d'Olivet) *de la toile d'Hollande.* Le Peuple dit aussi *de l'eau de la Reine d'Hongrie*, comme si l'on disoit *l'Hongrie*, & non pas *la Hongrie*. Ceux qui parlent bien, appellent toujours une grande Reine, la *Reine de Hongrie*, & non pas *la Reine d'Hongrie*. Il y a ici une fort mauvaise rime, *accouru*, *prévu.* Est-ce ainsi que riment Corneille, Racine, Despreaux, Rousseau?

Ce vers, *Demandent que l'Aurore & le péril commence*, est une faute impardonnable chez tous les Grammairiens. S'il y avoit *le combat & le péril commence*, ce n'en seroit pas une, suivant les régles de Vaugelas & de Bouhours, à cause de l'affinité des deux substantifs. Mais il n'y en a aucune entre l'*Aurore* & le *péril.* Il faut, Monsieur, tout grand Maître que vous êtes, obéïr au précepte de Despreaux : *Que la langue en vos vers soit toujours révérée, &c.*

Les vers nouveaux que vous avez ajoutés dans la sixiéme Edition, & qui commencent par ces mots: *LOUIS avec le jour voit briller dans les airs, &c.* sont admirables. Je vois avec plaisir que vous faites briller en cet endroit une petite étincelle d'imagination.

Des Montagnes, des Bois, des Fleuves d'alentour,
Tous les Dieux allarmés sortent de leur séjour :
La Fortune s'enfuit, & voit avec colère
Que sans elle aujourd'hui la valeur va tout faire.
Le brave Cumberland, fier d'attaquer LOUIS,
A déja disposé ses Bataillons hardis.
Tels ne parurent point aux rives du Scamandre,
Sous ces murs si vantés que Pyrrhus mit en cendre,
Ces antiques Héros, qui montés sur un Char,
Combattoient en désordre, & marchoient au hazard:
Mais tel fut Scipion sous les murs de Carthage,
Tels son rival & lui, prudens avec courage,
Déployant de leur art les terribles secrets,
L'un vers l'autre avancés s'admiroient de plus près.

Vous avez laiſſé dans ce qui ſuit une penſée fauſſe, ſi je ne me trompe.

Bourbons, voici le tems de *venger* les Valois. Les Anglois battus de tous côtés ſous Charles VII. & chaſſés enfin de tout le Royaume, eſt-ce une fable? Depuis ce tems-là qu'ont fait les Anglois contre les Rois de cette Branche? Rappellez-vous, Monſieur, l'Hiſtoire de France, que vous ſçavez auſſi-bien que perſonne. Vous verrez que le ſang François verſé par les Anglois ſous Philippe de Valois, Jean, Charles V. Charles VI. a été parfaitement expié par les Exploits de Charles le Victorieux, & qu'aucun ni de ſes deſcendans, ni des autres Princes de ſa Branche n'a reçu dans la ſuite aucun échec de la part des Anglois, de ſorte qu'ils euſſent beſoin d'un *Vengeur*, & qu'ils le cherchaſſent dans les Bourbons. De plus, ſuppoſé que les Valois n'euſſent pas été ſuffiſamment *vengés* par les Valois mêmes; les François, depuis que la Branche de Bourbon eſt ſur le Trône, n'ont-ils pas pluſieurs fois battu les Anglois, ſous LOUIS XIV. par terre & par mer, en Flandres & en Eſpagne ? Ne furent-ils pas hachés & exterminés en Eſpagne dans les célèbres Batailles de Villavicioſa & d'Almanza, où le brave d'*Asfeld* depuis Maréchal de France, & le Comte d'*Avarey* acquirent tant de gloire, & où les Irlandois combattirent avec tant de valeur ? Ces mots, *voici le tems*, font cependant entendre que la *vengeance* avoit été différée juſqu'à ce tems-ci.

Au ſujet de la mort du Duc de Grammont, victime de la vivacité du Canon Anglois, vous dites ce que vous ne deviez point dire. Au lieu de faire ſentir que cette mort au champ d'honneur valoit pour ſa gloire *le Sceptre des Guerriers*, auquel il touchoit, & qui étoit ſans doute deſtiné à ſon grand courage, vous vous aviſez de lui conſacrer ces vers, qui en vérité choquent le bon ſens.

> De quoi lui ſerviront ces grands titres de gloire,
> Ce *Sceptre* des Guerriers, honneur de ſa mémoire,
> Ce rang, ces dignités, vanités des Héros,
> Que la mort avec eux précipite *aux tombeaux* ?

Ces quatre vers ſuppoſent très-clairement qu'il a eu en effet ce *Sceptre des Guerriers*, & que le Roi le lui a mis à la main avant de mourir; ce qui n'eſt pas vrai, & ce que vous ne deviez pas hazarder. Lorſque vous avez été détrompé, vous avez voulu conſerver votre penſée, aſſez commune, & la tirade qui en dépend. On la voit encore tenir ſon rang dans votre ſixiéme Edition, avec ce mauvais correctif en Note : *il alloit être Maréchal de France.* Le R. P. Louis de Picquigny, célèbre Capucin, qui en 1711. prononça l'Oraiſon Funébre du premier Dauphin, laquelle fut alors imprimée, y employa des traits ſinguliers qui apprêtèrent à rire à tout le Royaume. Cependant il ne s'aviſa pas de dire, *de quoi ſervira au Dauphin la Couronne de France & de Navarre?* Dans une Note néanmoins il eût pû s'expliquer comme vous, en diſant : *Le Dauphin alloit être Roi après la mort de ſon Père.* Mais cette Note n'eût ſervi qu'à rendre ſa penſée plus ridicule encore. Vous dites plus ; vous appellez un *Sceptre,* que ce Duc n'a point porté, *l'honneur de ſa mémoire.* D'ailleurs cette expreſſion, *précipite aux tombeaux* eſt mauvaiſe. On ne dit point que la mort nous *précipite aux tombeaux,* mais *au tombeau.*

Voici en récompenſe une addition très-belle, p. 19. Elle forme une image.

  Tels que des champs de l'air tombent précipités
  Des oiſeaux *tous ſanglans, palpitans* ſur la terre....

Tous ſanglans, palpitans, eſt cependant ſur le ton enroué de Chapelain. J'aime mieux ces autres vers :

  Je te rends grace, ô Mars, Dieu de ſang, Dieu cruel ;
  La race de Colbert, ce Miniſtre immortel,
  Echape, en ce carnage, à ta main ſanguinaire.

Cette race guerrière a été en effet plus heureuſe dans cette action qu'elle n'a coutume de l'être dans les combats, où pluſieurs fils du grand Colbert ont perdu la vie. On ſçait que le Marquis de Blainville fut tué à la veille d'être Maréchal de France. Ces vers rappellent en même-tems les heureux travaux du Miniſtre leur père ; à qui la France doit aujourd'hui le principe de ſon abondance & de ſes forces.

  Combien de jours brillans éclipſés à l'Aurore !

Des *jours éclipſés !* dans quel ſens cela peut-il s'entendre ? Les jours ſont-ils figurément des aſtres qui *s'éclipſent ?* Ce n'eſt pas là écrire.

L'endroit qui concerne les périls glorieux du ROI & de Monseigneur le DAUPHIN, est touchant ; mais il eût pû être plus poëtique, si le ROI eût été peint comme un autre Enée, ayant son fils Ascagne à côté de lui. Oh! qu'Ascagne est mieux dans Virgile!

> La molle volupté, le luxe de nos villes,
> *Filent* cesjours sereins, ces jours....

Cette idée semble plus poëtique qu'elle ne l'est en effet. Des jours *filés* par la *volupté* & par le *luxe*, n'ont aucun sens. Ce sont les Parques qui *filent* nos jours dans le sistême mythologique, & non la *volupté* & le *luxe*, qui servent seulement à en rendre le fil agréable. Quel précieux diroit : La solitude me *file de tristes jours* ? Il faut que les termes figurés soient justes & conformes aux idées reçues.

On est content de vos nouveaux vers sur les Carabiniers & les Grenadiers à cheval, que vous aviez si mal célébrés dans vos premières éditions.

> Paroissez, vieux Soldats, dont les bras éprouvez
> Lancent de loin la mort que de près vous bravez.
> Venez, vaillante élite, honneur de nos Armées;
> Partez, fléches de feux, grenades enflammées;
> Phalanges de LOUIS, écrasez sous vos coups
> Des Combattans si fiers, & si dignes de vous.

Voilà de la vraie poësie. On rend justice aussi à l'idée noble & heureuse que vous donnez de nos Dragons.

> Bien-tôt vole après eux ce Corps fier & rapide,
> Qui semblable au Dragon qu'il eut jadis pour guide,
> Toujours prêt, toujours prompt, de pied ferme, en courant,
> Donne de deux Combats le spectacle effrayant.

Il y a encore ici des changemens & des additions qui doivent être goûtés de tout le monde : par exemple, sur la Gendarmerie, ce premier Corps de la Cavalerie Françoise, azyle de la Noble & indigente bravoure, Corps célèbre dans les anciennes Guerres, & qui dans le dernier Combat a acquis beaucoup de gloire.

> Ce brillant Escadron, fameux par cent Batailles,
> Lui par qui Catinat fut Vainqueur à Marsailles,
> Arrive, voit, combat, & soutient son grand nom.

Et ces deux vers :

> Anglois, fur Duguefclin deux fois tombent vos coups :
> Frémiffez à ce nom fi funefte pour vous.

Cela rappelle à l'efprit les exploits du fameux Connétable de ce nom : il y auroit eu plus de juftefle, fi le dernier vers eût pû être appliqué au Connétable Olivier de Cliffon, appellé *le bourreau des Anglois*.

> Leur génie eft dompté, l'Anglois eft abatu,
> Et la *férocité* le céde à la vertu.

„ Ce reproche de *férocité*, dites-vous, ne tombe que fur „ le Soldat, & non fur les Officiers, qui font auffi *généreux* „ que les nôtres. " Mais, afin que tout foit égal, dites donc auffi que le Soldat François n'eft pas moins *féroce* que le Soldat Anglois. La *férocité* me paroît une louange pour un Soldat.

> C'en eft fait, & l'Anglois *craint* LOUIS & *la mort*.

Craindre ainfi *la mort*, ne fent guères ni l'Officier *généreux*, ni le Soldat *féroce*.

Mais c'eft affez vous entretenir de votre Poëme. Je crains de vous avoir ennuyé : en ce cas, je vous prie de me le pardonner, au nom de votre *Princeffe de Navarre*. Daignez vous mettre un moment à la place de tant de perfonnes illuftres qui l'ont entendue, & de tant d'honnêtes gens qui ont eu la curiofité de la lire. Je me mets fouvent à la vôtre, en admirant tous vos Ecrits.

Je finirai par un *Avis* fur une chofe qui vous a paru indifférente, & qui ne l'eft pas ; c'eft le titre de votre Ouvrage. Comme ce n'eft point du tout un *Poëme*, mais un *Difcours* fur la Bataille de Fontenoy, vous deviez conféquemment l'intituler *Difcours*. Peut-être que fous ce titre il eût moins choqué : on vous eût accordé vos difpenfes pour la fiction. Permettez-moi d'ajouter que ce qui a encore indifpofé le Public, ce font vos rapides éditions. Vous ne deviez point expofer ainfi au grand jour des tentatives informes. Dès que l'on vous eut fait appercevoir de vos fautes, il falloit au moins fufpendre la vente de vos vers, jufqu'à ce que vous euffiez eu le tems de les corriger, en vous gardant de changer le mauvais en pire, comme vous avez fait dans quelques-unes de ces Editions fimulées, qui n'étoient que des *remani-*

mens, en termes d'Imprimerie. Par ces sages précautions, vous ne vous seriez point attiré la Satyre maligne du sieur *Rabot* Maître d'Ecole.

Est-il possible, Monsieur, qu'un Poëte illustre, qui fait tant d'honneur à son siécle & à sa Patrie, se rende ainsi par sa précipitation imprudente, & par une soif immodérée de la louange, l'objet des railleries publiques ? Le pis est qu'elles sont goûtées du Public. Vous possédez les bonnes graces de la Cour, vous avez des amis du premier ordre & du plus grand crédit. Tout cela n'impose point aux personnes judicieuses & éclairées, qu'un brillant vernis de réputation & de faveur ne sçauroit éblouir. Plus vous avez de mérite & de talent, plus vous êtes exposé à la Critique. Pourquoi, Monsieur, lui donnez-vous prise, comme de gaieté de cœur ? Vous qui êtes si rigoureux sur les Ecrits des autres, que n'avez-vous pour vous la même sévérité, le même discernement ? Quelle figure ferez-vous un jour dans le *Temple du goût*, s'il est un jour rebâti d'une autre main que de la vôtre ? Je m'imagine que quelque Abbé Goujet dira de vous dans une continuation du Dictionnaire de Moreri : *Ce Poëte se distingua plus par l'harmonie de ses vers, que par la justesse de ses pensées : il eut plus d'esprit que de goût ; il eut assez d'imagination dans les petits détails ; mais il en eut peu dans la construction des plans. Le jugement conduisit rarement sa plume. Il ne se hâta pas assez lentement dans ses productions*, &c.

Pour vous faire sentir ici, Monsieur, que la précipitation dans les Ouvrages d'esprit, n'enfante jamais que du mauvais ou du médiocre, ayez la bonté, s'il vous plaît, de faire réfléxion que ni le P. de la Rue, ou son Traducteur le Grand Corneille, ni le fameux Despreaux, que vous vous efforcez mal à propos de rabaisser, ne s'avisèrent pas de célébrer à la hâte les Victoires de LOUIS XIV. que pour le faire dignement, ils prirent le tems nécessaire ; qu'ils auroient crû manquer de respect à ce grand Prince, s'ils avoient publié à sa louange des vers *pris à la pipée*, des vers faits avec la hache & la serpe, sans y avoir employé le rabot & la lime, des vers également indignes d'eux, & du Conquérant qu'ils vouloient immortaliser.

Je sçais, Monsieur, que ceux qui ont travaillé après vous depuis plus d'un mois, & qui ont eu le tems de mieux faire, ne vous ont pas même égalé. Cela prouve la supériorité de votre talent, & la malheureuse foiblesse du leur, mais ne vous justifie pas. Cela prouve encore, que si l'on vous excepte, nous n'avons aujourd'hui que des Poëtes peu dignes de ce nom, sans principes & sans génie; & que s'il y en a quelques-uns qui par le travail pourroient s'élever jusqu'à vous, le peu de goût que l'on a dans ce siécle pour la vraie Poëſie, les désagrémens attachés à cet Art, l'indigence qui en est presque toujours le partage (tandis que tous les autres Arts, & les plus vils font subsister ceux même qui les cultivent médiocrement) les empêchent de se livrer à un talent divin, qui a jusqu'ici fait tant d'honneur à notre Nation & à notre langue.

Sint Mecœnates : non deerunt, Flacce, Marones.
Mecènes, paroissez : nous aurons des Voltaires.

Nous aurons aussi des Vertots, des Fleuris, des Bossuets, des Fénelons, de la Bruyeres, des Rollins, des Sçavans & des beaux Esprits en tout genre, capables de servir la Religion & l'Etat, qui en ont grand besoin.

Vous avez souvent attrapé le goût de Virgile, dans le style élégant & harmonieux de vos vers héroïques. Dans vos vers épistolaires, vous êtes délicat, simple & naturel, comme Horace. Il ne vous manque, Monsieur, que d'être aussi judicieux que ces deux grands Poëtes. Vous êtes si Philosophe quelquefois. Mais qu'est-ce que le plus grand génie dépourvû de conseil ? Il est clair que vous n'en avez point, ou que si vous en avez, vous ne devez pas vous y fier. Je ne suis pas digne d'être consulté par un homme tel que vous ; mais si je méritois cet honneur, vous recevriez toujours des *Avis sincères*, tels que ceux-ci.

F I N.

www.ingramcontent.com/pod-product-compliance
Lightning Source LLC
Chambersburg PA
CBHW071442060426
42450CB00009BA/2279